Idealização e coordenação:
Natália Maccari

A Ave-Maria

Dados Internacionais de Catalogação na Publicação (CIP)
(Câmara Brasileira do Livro, SP, Brasil)

Maccari, Natália
A Ave Maria / idealização e coordenação Natália Maccari ; [redação Suely Mendes Brazão]. – 6. ed. – São Paulo : Paulinas, 2011. – (Coleção raio de luz)

ISBN 978-85-356-2852-4

1. Ave Maria 2. Literatura infantojuvenil 3. Orações I. Brazão, Suely Mendes. II. Título. III. Série.

11-07215 CDD-028.5

Índice para catálogo sistemático:

1. Ave Maria : Orações para crianças : Literatura infantojuvenil 028.5

Redação: *Suely Mendes Brazão*
Copy: *Dagoberto Bordin*
Ilustrações: *Jóta e Sany*
Projeto gráfico: *Eduardo Borges*

6ª edição - 2011
5ª reimpressão - 2023

Revisado conforme a nova ortografia

Paulinas

Rua Dona Inácia Uchoa, 62
04110-020 – São Paulo – SP (Brasil)
Tel.: (11) 2125-3500
http://www.paulinas.com.br – editora@paulinas.com.br
Telemarketing e SAC: 0800-7010081

A oração da mãe

Uma das primeiras orações que aprendemos a rezar é sempre a ave-maria.

“Ave” é uma palavra que significa, em nossa linguagem de hoje, “Como vai?” ou “Alô!”.

Pois foi com essa palavra que Maria, a mãe de Jesus — que também chamamos de Nossa Senhora —, foi cumprimentada por um anjo.

Deus havia mandado o anjo Gabriel à casa de Maria para levar-lhe uma importante mensagem: que ela iria ser a mãe do Filho de Deus.

"Ave, Maria, cheia de graça!"

Esta primeira frase da ave-maria é formada pelas palavras que o anjo Gabriel disse à Nossa Senhora, ao chegar à sua casa, saudando-a.

"Cheia de graça" significa que Maria tinha recebido as graças de Deus, os benefícios do Senhor; ela tinha sido escolhida por Deus.

1. Com quem o anjinho está falando?

2. Responda a estas perguntas:

a) Por que o anjo Gabriel foi enviado à casa de Maria?

b) Por que Maria era cheia de graça?

c) De quem Maria iria ser mãe?

“O Senhor é convosco!”

O anjo Gabriel cumprimentou Maria e continuou falando com ela. Ao dizer a frase “O Senhor é convosco!”, ele queria falar que Deus, o Senhor, estava sempre ao lado dela, pois Maria iria ser a mãe de seu Filho.

Ligue os pontos e descubra quem está a seu lado:

A prima Isabel

Maria tinha uma prima que se chamava Isabel. Alguns meses depois da visita do anjo Gabriel, Maria foi à casa dela. Isabel estava esperando um filho, que, ao nascer, recebeu o nome de João: era João Batista.

A oração da ave-maria continua com duas frases ditas por Isabel, ao receber sua prima, Maria. Vamos vê-las daqui a pouco.

Preencha o diagrama com o nome das figuras abaixo:

“Bendita sois vós entre as mulheres!”

Foi a frase dita por Isabel à sua prima, Maria, quando Maria chegou à sua casa.

Ela disse estas palavras porque percebeu que Maria seria a mãe do Filho de Deus, escolhida e abençoada entre todas as mulheres.

Associe os desenhos correspondentes às palavras:

“E bendito é o fruto do vosso ventre, Jesus!”

Isabel diz esta bela frase. É que Maria trazia em sua barriga o menino Jesus, o Filho abençoado de Deus, assim como todas as mães carregam seus filhos antes de eles nascerem.

Pinte este desenho de várias cores e você terá um bonito vitral:

As duas partes da ave-maria

Você viu que, na primeira parte da oração da ave-maria, todas as frases foram ditas por alguém: as duas primeiras pelo anjo Gabriel e as duas últimas por Isabel, prima de Nossa Senhora.

A segunda parte da ave-maria é formada por uma bonita oração: todos nós, como povo cristão, que constituímos a Igreja, rezamos a Maria, pedindo-lhe sua proteção.

Encontre sete diferenças:

Santa Maria, mãe de Deus,

Com esta frase, estamos chamando Maria para que ela ouça o que temos a lhe pedir.

*Descubra neste caça-palavras a primeira frase da ave-maria (**Ave, Maria, cheia de graça**) e pinte cada palavra com uma cor diferente.*

V	I	T	R	A	L	I	B	V	U	N	T
B	E	L	O	N	R	G	A	J	O	A	O
A	S	A	A	V	E	R	T	E	S	S	R
O	L	A	F	V	Z	R	I	S	Q	C	B
M	A	R	I	A	A	E	S	U	O	E	I
A	N	N	L	M	L	J	T	S	J	R	S
E	J	I	H	H	G	A	F	F	S	E	A
E	O	T	O	G	A	B	R	I	E	L	B
N	A	O	O	U	T	R	U	S	N	D	E
C	B	R	R	A	Z	X	T	V	H	U	L
T	I	S	A	R	Q	P	O	O	O	N	M
L	B	J	C	H	E	I	A	I	R	H	G
F	L	E	A	D	M	E	N	S	A	G	E
M	I	B	O	A	S	E	N	H	O	R	C
D	E	D	T	S	D	G	R	A	Ç	A	T

rogai por nós, pecadores,

Continuando a oração, pedimos a Nossa Senhora que ela interceda a Deus por nós, pois somos pecadores. Isto quer dizer que não somos perfeitos. De um modo ou de outro, sempre podemos cometer erros. Apenas Deus é perfeito.

Relacione a coluna da esquerda com a da direita:

A) PECADORES	( ) MARIA
B) AVE	( ) AMADA POR DEUS
C) FRUTO DO VENTRE	( ) SAUDAÇÃO DO ANJO
D) MÃE DE DEUS	( ) AQUELES QUE SE AFASTAM DE DEUS
E) CHEIA DE GRAÇA	( ) JESUS

agora e na hora de nossa morte. Amém.

Nesta última frase da oração da ave-maria, pedimos que Nossa Senhora nos proteja e nos ajude agora, enquanto estamos vivos, e também na hora em que tivermos de morrer.

"Amém" é uma palavra usada no final de quase todas as orações e quer dizer "assim seja".

Faça sua oração e escreva dentro desta moldura:

Complete as frases seguintes com as palavras da ave-maria:

a) "Ave, ..., cheia de ....! O .... é convosco!"

b) "................... sois vós entre as .... E bendito é o .... do vosso ...."

c) rogai por nós, ..., agora e na hora de nossa .... Amém.

Para você recordar

Bate-papo final

Como é bonita a oração da ave-maria!

Com ela nós prestamos uma homenagem a Nossa Senhora, a mãe de Jesus. E também pedimos que ela esteja sempre conosco, em todos os momentos de nossa vida e na hora de nossa morte.

Como já dissemos, a primeira parte da ave-maria é composta pelas palavras ditas pelo anjo Gabriel e por Isabel, prima de Maria.

Você poderá encontrar na Bíblia, no Evangelho de Lucas (uma das histórias da vida de Jesus), capítulo 1, versículos 26 a 45, a mensagem completa do anjo Gabriel, a resposta que Maria deu a Deus e a história da visita que Nossa Senhora fez à sua prima Isabel.

A segunda parte da ave-maria foi elaborada pela Igreja há alguns séculos.

Coleção Raio de Luz

- A Ave-Maria
- A oração
- Anjo da Guarda
- Glória ao Pai
- O Creio
- Os frutos do Espírito Santo

Rua Dona Inácia Uchoa, 62
04110-020 – São Paulo – SP (Brasil)
Tel.: (11) 2125-3500
http://www.paulinas.com.br – editora@paulinas.com.br
Telemarketing e SAC: 0800-7010081